SAINT ANSELME

A

L'ABBAYE DU BEC

1060-1092

PAR

M. L'ABBÉ PORÉE

CURÉ DE BOURNAINVILLE

> Quamvis enim corpore sim vobis
> absens, nidum tamen meum, ecclesiam
> dico Becci, cum omnibus pullis suis
> mecum porto semper in corde meo.
> (S. Anselm. Epist. lib. III. ep. 156)

BERNAY

IMPRIMERIE Vᵉ ALFRED LEFÈVRE

RUE DES FONTAINES, 40

1880

SAINT ANSELME

A

L'ABBAYE DU BEC

SAINT ANSELME

A

L'ABBAYE DU BEC

1060-1092

PAR

M. L'ABBÉ PORÉE

CURÉ DE BOURNAINVILLE

> Quamvis enim corpore sim vobis
> absens, nidum tamen meum, ecclesiam
> dico Becci, cum omnibus pullis suis
> mecum porto semper in corde meo.
> (S. Anselm. Epist. lib. III. ep. 156)

BERNAY

IMPRIMERIE Ve ALFRED LEFÊVRE

RUE DES FONTAINES, 40

1880

SAINT ANSELME

A

L'ABBAYE DU BEC
1060-1092

LECTURE FAITE A LA SÉANCE ORDINAIRE
DE LA SOCIÉTÉ LIBRE DE L'EURE (SECTION DE BERNAY)
LE 4 AVRIL 1880.

MESSIEURS,

L'un des grands attraits qu'offre l'étude de l'histoire, c'est d'étendre l'horizon de nos pensées et de
nous faire revivre dans des siècles disparus. L'esprit
investigateur, l'homme studieux aime à parcourir les
annales de son pays, à s'attarder dans ces curieuses
recherches pour y surprendre la vie, les usages, le
milieu d'existence de ses aïeux. Térence a écrit ce
mot d'une profonde justesse : « Je suis homme, et
« rien de ce qui est humain ne saurait m'être étranger. »
N'avez-vous pas, Messieurs, plus d'une fois reconnu
la vérité de cette parole, quand vous avez étudié
l'histoire et plus particulièrement l'histoire locale?
En feuilletant les annales de la Normandie, ce n'était
plus seulement l'histoire d'un groupe de l'humanité,

d'une province de la France que vous étudiiez, c'était la vôtre, et vous voyiez repasser devant vos yeux, vous interrogiez les Normands, vos ancêtres, cette race active et conquérante, vaillante et littéraire à qui l'on pourrait appliquer les deux mots fameux de Caton sur les Gaulois(1). Oui, Messieurs, on peut être fier d'être Normand, quand on a des compatriotes qui se nomment Duperron, Malherbe, Corneille, Huet, Saint-Evremond, Fontenelle, pour ne parler que d'écrivains et ne citer qu'un siècle, et les échos que ces grands noms éveillent dans notre pensée, nous disent assez que ces hommes et leurs œuvres nous appartiennent autant et plus qu'à tout français qui les admire.

A côté de ces renommées éclatantes, il est d'autres noms illustres aussi, bien qu'on les évoque moins souvent, peut-être à cause du lointain des siècles qui nous en sépare. Il y a quelques mois, M. Malbranche, dans une étude dont vous avez tous apprécié l'importance, félicitait l'éminent premier Président de la Cour de Bourges, M. Boivin-Champeaux, d'avoir tiré de l'oubli l'une de ces figures désormais historique, je pourrais même dire d'avoir élevé une statue à un grand ministre normand du XIIe siècle. J'ai vu là une fois de plus, Messieurs, que la revendication de nos gloires normandes vous était un sujet particulièrement sympathique. Et ainsi, j'ai été amené à penser qu'il ne vous serait pas indifférent d'entendre quelques paroles sur un autre personnage, normand d'adoption celui-là, et contemporain de Roger-le-Grand. Non pas, Messieurs, que je prétende à des éloges que je ne saurais mériter ; mais si je par-

___

(1) Pleraque Gallia duas res industriosissime consequitur, rem militarem et argute loqui.

venais à piquer votre curiosité, à captiver votre
attention, je me trouverais amplement récompensé,
et je me dirais que j'ai choisi heureusement mon
sujet. C'est de saint Anselme et de l'abbaye du Bec
que je veux vous entretenir. Le sujet peut paraître un
peu spécial et d'un intérêt limité ; à coup sûr, il ne se
recommande point par son actualité. Néanmoins,
Messieurs, j'ai cru que votre Section de la Société
libre de l'Eure verrait, avec quelques plaisir, rappeler
la mémoire d'un moine du xiᵉ siècle qui vécut plus
de trente années dans un monastère tout voisin de
cette antique abbaye de Bernay, dont les voûtes nous
abritent encore à l'heure présente, d'un moine qui
fut chef d'une école célèbre, qui plus tard devint
archevêque de Cantorbéry, primat d'Angleterre et
que l'Eglise, en l'inscrivant au catalogue des saints,
a également placé au rang de ses plus illustres
docteurs.

Ce retour fugitif vers des temps oubliés sera pour
vous, Messieurs, comme une halte du voyageur sous
le chêne séculaire du chemin. Arrêtez-vous quelques
instants en face de ce vieux xiᵉ siècle comme
l'amateur qui, visitant un musée, éprouve en pré-
sence d'une scène historique du moyen-âge, l'attrait
qu'il avait ressenti pour un beau paysage inondé de
soleil, ou le portrait d'un contemporain illustre aux
côtés duquel il a vécu.

I

A une lieue de Brionne, en suivant les bords de la
Rille, on voit s'ouvrir, sur la droite, un vallon frais
et boisé. Un petit ruisseau l'arrose et passe en mur-
murant à l'ombre de vieux saules. C'est le vallon
du Bec. A mesure que l'on avance, on sent que l'on

péhètre dans la solitude, dans une retraite pleine de
ce silence et de ce calme si propices au recueillement
de l'âme et au travail de la pensée. C'est là, qu'au xi°
siècle, un chevalier normand, d'un âge déjà mûr,
était venu jeter les fondements d'un monastère.
Herluin s'était acquis, à la cour du comte de Brionne,
un grand renom par sa bravoure dans les combats
et sa sagesse dans les conseils ; il était riche,
honoré, et le monde avait encore pour lui d'autres
promesses ; mais c'était Dieu seul qu'Herluin voulait servir, et il s'était dit que dans cette vallée,
alors presque inaccessible, il oublierait plus entière-
ment le monde qu'il quittait sans retour. Après des
commencements pénibles, des jours meilleurs s'étaient
levés pour le monastère naissant ; des jeunes gens,
de vieux compagnons d'armes, un jurisconsulte italien,
nommé Lanfranc, étaient venus s'associer à la
vie cénobitique d'Herluin. L'ancien chevalier ne
songeait guère alors à la renommée qui devait bientôt
environner la petite abbaye si humble à son origine.

Dans les premiers mois de l'année [1060, un
étranger vint frapper à la porte du monastère. Il
était jeune encore, et sur sa physionomie noble et
belle se voyait le reflet d'une intelligence peu com-
mune. Ce n'était point un passant vulgaire venant
demander le pain de l'aumône ; celui-là cherchait le
pain de l'intelligence. Anselme, c'était le nom du
jeune étranger, était né en 1033, à Aoste, d'une noble
famille lombarde. Dès ses jeunes années, on l'avait
appliqué à l'étude des lettres, et il y avait fait des
progrès étonnants. A l'âge de quinze ans, il avait
voulu se faire moine, mais son père s'y était éner-
giquement opposé, ambitionnant pour son fils une

carrière plus brillante que ne manqueraient pas de lui
ouvrir un jour sa fortune et sa précoce intelligence.
A quelque temps de là, en même temps qu'il perdait
sa mère, Anselme disait adieu à ses premiers projets
et se laissait même emporter au courant des séduc-
tions du monde. Irrité, humilié peut-être de cette
volte-face trop complète, Gondulf força son fils à
quitter la maison paternelle, et cette dure épreuve
ramena le jeune homme à des pensées plus sérieuses;
il se mit à voyager dans le but de satisfaire la soif de
savoir qui le dévorait. Pendant trois ans, il parcourt
les écoles célèbres de la Bourgogne et de la France ;
il va jusqu'à Avranches, attiré par la renommée des
professeurs normands qui enseignaient le droit dans
cette ville. Ce fut alors qu'il entendit pour la première
fois parler de son compatriote Lanfranc, le célèbre
écolâtre du Bec. Anselme voulut le connaître et se
mêler à la foule des étudiants qui se pressaient autour
de sa chaire. Devinant le mérite hors ligne du nouveau
venu, Lanfranc se sentit incliné vers lui par cette
sympathie particulière qu'éprouve un maître distingué
pour un disciple qu'il croit capable de le faire revivre
un jour.

Cependant, tout en recueillant avec avidité les
leçons du maître, Anselme sentait que la science
humaine était une creuse nourriture et qu'elle laisserait son âme bien vide si Dieu n'était là pour la rem-
plir. Ses velléités de vie religieuse recommençaient,
et son biographe Eadmer nous apprend le combat
violent qui se livrait à cette heure dans son âme. Quel
ordre monastique choisirait-il? Celui de Cluny?
La sévérité de sa discipline lui semblait un frein
gênant à ses ambitieux projets. Celui du Bec? La

science éminente de Lanfranc le laisserait au second rang, dans une humiliante obscurité. Il lui vint une pensée meilleure, celle de se faire moine n'importe où, en laissant à ses maîtres le soin de lui désigner un monastère. Ses dernières hésitations furent vaincues par les conseils de l'archevêque de Rouen, Maurille, à qui Lanfranc l'avait adressé. La vocation d'Anselme était décidée, et c'était l'abbaye du Bec qui allait s'enrichir de cette précieuse conquête.

L'amour de la science, tel était l'unique motif qui avait amené Anselme à l'école du Bec. Sa suprême ambition était, sans doute, de devenir un lettré fameux, un jurisconsulte habile, et d'exercer un jour, dans sa patrie, quelque magistrature considérable ; et voilà que par un dessein de la Providence qui voulait faire de lui un évêque, un théologien, un saint, il se fait moine ! Ne croyez-pas, Messieurs, qu'en revêtant l'habit bénédictin, en refermant sur lui la porte du cloître, qui le sépare de la société, Anselme va être perdu pour les lettres et pour le monde. S'il fut demeuré dans le siècle, il ne serait devenu vraisem-blablement qu'un sénateur lombard, un juriste écouté, un canoniste distingué ; en entrant au monastère du Bec, il va se préparer, à son insu, à une mission bien plus haute. Dans une heure de péril pour l'église d'Angleterre, il deviendra archevêque de Cantorbéry, et après les luttes les plus douloureuses, les épreuves les plus sensibles, un jour viendra où le roi Henri Ier, vaincu par la vertu et la magnanimité de son adver-saire, rendra à l'église d'Angleterre la plus précieuse, la plus indispensable de ses prérogatives, la liberté.

Cette phase de la vie de saint Anselme, Messieurs, je n'aurai pas à la raconter : la tâche en a été récem-ment accomplie par l'un de nos collègues les plus

laborieux et les plus érudits, M. Join-Lambert, et
son œuvre, que vous connaissez tous, restera comme
un monument élevé à l'indépendance de caractère et
au génie politique de l'archevêque de Cantorbéry.

Je voudrais, Messieurs, vous montrer saint Anselme
à un point de vue plus intime, vous faire voir en lui
le moine, l'écolâtre du Bec. On s'étonne peut-être
que cet esprit si vif, ce caractère si fier se soit enfermé
dans un cloître, qu'il y ait caché ce flambeau destiné
à briller avec tant d'éclat. Quel attrait, quel secret et
puissant ressort pouvait donc déterminer Anselme à
se faire moine ? Si l'on se forme une notion exacte,
une idée vraie du rôle des ordres religieux dans la
société, on trouvera des points de contact, des attrac-
tions, des affinités entre saint Anselme et le genre
de vie qu'il choisit de préférence.

Qu'était-ce donc qu'un moine au regard du xiᵉ siècle ?
Je sais qu'il est reçu, dans certaine littérature, de
dire que les moines sont des oisifs, des égoïstes, des
parasites, que les monastères ont été de tous temps
l'asile de la paresse et de l'incapacité. Si l'on examine
cette question à la lumière de l'impartiale raison et des
faits les mieux établis de l'histoire, on trouve que c'est
précisément la thèse opposée qui est vraie. Et ce n'est
pas devant vous, Messieurs, que j'aurais à réfuter de
pareils griefs. Il me suffira d'esquisser en quelques
traits le caractère du moine et la place qu'il occupait
dans la société pour prouver combien il était rationnel
qu'un esprit élevé, qu'une âme généreuse comme
Anselme, voulût s'enrôler dans la milice religieuse et
cherchât dans les lois qui la régissaient le programme même de sa vie.

Au commencement du vieᵉ siècle, saint Benoît avait
jeté en Italie les fondements de l'ordre qui porte son

nom et composé, pour l'organiser durablement,
une règle que l'on a considérée comme un chef-
d'œuvre de bon sens et de sagesse supérieur à tout à
ce qui s'était rencontré jusqu'alors dans les lois
romaines et barbares. Le moine bénédictin partage
son temps entre la prière et le travail; par son
détachement volontaire des richesses et des plai-
sirs, il s'attache étroitement à la pratique des
vertus chrétiennes ; par l'obéissance absolue qu'il
rend à son abbé, il se dévoue sans réserve aux
œuvres utiles et charitables qui lui sont imposées.
Sa sanctification personnelle et le service de ses
semblables, tel est le double but que se propose le
religieux. Dieu est juge de la sainteté du religieux,
mais l'histoire a raconté comment les moines s'étaient
acquittés de leur seconde tâche : conversion des barbares au christianisme, missions évangéliques d'Angleterre et de Germanie, défrichement de nos im-
menses forêts de la Gaule, conservation du dépôt des
arts et des lettres menacés par les invasions, affir-
mation, au nom de la justice et de la religion, du
droit des faibles souvent méconnu par le plus fort,
exemple soutenu d'une vie laborieuse, sobre, patiente,
au milieu des serfs courbés sur leur sillon, allège-
ment des misères sociales par l'aumône largement
répandue dans le sein du pauvre ; tels avaient été
durant des siècles le rôle, l'action, l'influence des
ordres religieux. Le moine était un vrai pionnier de
la civilisation, un réconciliateur des races divisées
par l'oppression d'en haut et les haines d'en bas, un
éducateur du peuple par les écoles qu'il ouvrait gra-
tuitement à ses enfants, et ce qui soutenait le moine
dans cette action bienfaisante et ininterrompue, c'est
qu'il avait la conviction de faire l'œuvre de Dieu en

se dévouant pour ses semblables. L'institut monastique répondait donc aux aspirations les plus hautes et
les plus nobles de l'âme. Il avait compté dans ses
rangs saint Grégoire-le-Grand, Bède, Alcuin, Raban-
Maur, Gerbert, Lanfranc. Est-il surprenant, Messieurs, qu'Anselme se soit senti invinciblement
attiré vers cette vie de prière, de dévouement et
d'étude, et qu'il ait voulu rendre son labeur plus utile
et plus fécond en le mettant au service d'une puis-
sance qui, cinq siècles auparavant, avait conquis la
société sur la barbarie, l'avait arrachée à la corrup-
tion, et avait du même coup relevé le niveau intellectuel de l'humanité.

Après avoir fait ressortir la pensée dominante qui
fut pour Anselme comme le point de départ de sa vie,
il faudrait, Messieurs, pénétrer dans le monastère
d'Herluin et jeter un regard sur cette vie claustrale
qui fut la sienne pendant trente ans. La vie religieuse
était au Bec, comme ailleurs, fort monotone ; les jours
s'y suivaient et se ressemblaient. Quand les moines
avaient chanté l'office au chœur, étudié l'Écriture ou
les Pères, ils devaient se livrer pendant quelques
heures à un travail matériel. Nous pouvons, Messieurs,
en toute vérité, nous représenter Anselme gravissant
les côteaux du Bec, la hache ou la bêche sur l'épaule,
et s'en allant, avec quelques-uns de ses frères, défri-
cher un coin de la forêt de Brionne. Nous le voyons
encore, transcrivant la Bible, quelque manuscrit de
saint Jérôme ou de saint Augustin, ou bien surveil-
lant et corrigeant les copies des jeunes novices peu
experts dans le déchiffrement de l'onciale ou de la
cursive carlovingienne. Parfois, une longue rumeur
venait distraire les religieux dans leur travail ; c'était
l'archevêque de Rouen, le duc de Normandie ou

l'abbé de Saint-Étienne de Caen qui se dirigeait avec
une suite nombreuse vers le monastère. Alors, il y
avait grand émoi à l'abbaye. Le Livre des Usages du
Bec nous apprend qu'en telle occurence, toute la
communauté se mettait sur pied, la grosse cloche
sonnait trois fois, les religieux se revêtaient d'aubes
et de chapes et allaient, en procession, en chantant
des psaumes, au devant du personnage annoncé. On
lui offrait l'eau bénite et l'encens, et on le conduisait
à l'Eglise où il trouvait sa place préparée et ornée
avec soin. Mais ces distractions étaient rares, et d'ordinaire rien ne venait troubler l'austère monotonie
de la vie claustrale.

C'est dans cette atmosphère paisible et studieuse
que rayonnait la noble figure de saint Anselme dont
les biographes nous ont conservé tant de traits char-
mants. Ils ont surtout parlé de sa douceur qui était
comme le trait distinctif de son caractère. Ce fut aussi,
si je ne me trompe, la cause de l'ascendant irrésis-
tible, de l'influence attirante qu'il exerça sur tous
ceux qui l'approchaient. Nous savons par les chroni-
queurs du temps que ce n'était point précisément par
l'aménité du caractère que brillaient la plupart des
moines normands du xiᵉ siècle ; le vieux sang danois
bouillonnait encore dans leurs veines. La rigueur
et la sévérité eussent exaspéré ces âpres natures ; la
douceur d'Anselme finit par user la rudesse des
moines du Bec, comme elle devait plus tard courber
l'indomptable fierté du roi d'Angleterre, tant il est
vrai que la violence ne saurait être l'état normal ni
des caractères, ni des institutions : la modération
dans la justice, la possession de soi-même dans la
patience, tel est le grand secret de diriger les volontés
comme aussi de s'attacher inviolablement les cœurs.

II.

Lorsque Lanfranc était venu, en 1042, revêtir l'habit monastique à l'abbaye du Bec, Herluin, frappé de l'étendue de ses connaissances, n'avait pas tardé à le charger de l'instruction des moines. Dirigée par un religieux d'une science ordinaire, l'école nouvelle ne fût pas devenue sans doute plus célèbre que ses sœurs de Rouen, de Jumiéges, de Saint-Wandrille ou de Fécamp. Mais quand ce maître s'appelle Lanfranc, on s'attend à tout autre chose, et l'on ne s'étonne plus de voir l'école du Bec se placer au premier rang. Lanfranc était tout à la fois un jurisconsulte habile, un dialecticien subtil, un lettré de premier ordre. Il n'eut pas plus tôt commencé ses leçons, que sa renommée, volant au loin, amena au pied de sa chaire des disciples de France, de Gascogne, de Flandre, d'Allemagne et d'Italie, et ce concours prodigieux d'étudiants fit bientôt du Bec la plus fameuse école que l'on eût vue depuis Charlemagne. La science étonnante de Lanfanc frappait à tel point ses contemporains qu'Ordéric Vital, dans un éloge que la postérité, il faut bien le reconnaître, n'a pas complètement ratifié, le proclamait « un Hérodien en « grammaire, un Cicéron en rhétorique, un Aristote « en dialectique, et en exégèse sacrée un Jérôme ou « un Augustin » (1).

En 1066, Lanfranc était appelé, par Guillaume le Conquérant, à la direction de l'abbaye, nouvellement fondée, de Saint-Étienne de Caen. On put craindre

---

(1) Ord. Vit. Hist. eccl. liv. IV.

que son départ ne portât un coup funeste à l'école du
Bec déjà si florissante. Sa succession était lourde à
recueillir, et pour tout autre qu'Anselme, elle eût été
écrasante. A l'âge de trente ans , le disciple s'assied
dans la chaire du maître, et l'auditoire retrouve dans
le jeune docteur la même érudition , une égale puis-
sance de dialectique , une science non moins étendue
des lettres sacrées et profanes , un génie plus vaste
encore et plus élevé que celui de Lanfranc.

Il y avait à l'école du Bec , comme dans la plupart
des monastères, deux sortes d'étudiants, les uns suivant ce qu'on pourrait appeler l'enseignement secon-
daire et les autres l'enseignement supérieur. La
première catégorie comprenait les enfants de haut
lignage qui venaient apprendre à lire, à réciter le
psautier, voire même à écrire, car là, d'ordinaire,
s'arrêtait l'instruction de ces futurs barons normands
que l'on remettait, à l'âge de quatorze ans, aux mains
des écuyers pour se livrer à l'exercice des armes (1).
A côté de ces écoliers prenaient rang les oblats,
c'est-à-dire les enfants de famille noble ou serve qui
se destinaient au service des autels : ceux-là étudiaient
les éléments de la langue latine et la grammaire qui
comprenait une grande partie de ce que nous appelons
les humanités. Saint Anselme n'a pas dédaigné d'en-
seigner lui-même à ces petits écoliers le rudiment et
les déclinaisons ; mais il avoue, dans ses lettres,
qu'il se sentait peu d'attrait pour cette besogne.

La seconde catégorie d'étudiants se composait plus
particulièrement des jeunes moines qui poursuivaient
l'étude du trivium et du quadrivium couronnés par la
théologie. Parfois, un professeur à la barbe déjà
grise ne rougissait pas de se mêler à la foule des

(1) G. Crisp. Vita Herluini.

écoliers et venait compléter les connaissances qu'il
devait lui-même répandre dans une école du voisi-
nage. Au xiᵉ siècle bien plus qu'au nôtre, la science
était un fruit savoureux dont l'écorce ne manquait pas
d'amertume ; et s'il fallait alors beaucoup de courage
et de persévérance pour devenir savant, on peut dire
qu'il n'a pas manqué d'esprits laborieux et patients,
voués au culte de la science, et dont on retrouve
encore la trace littéraire à huit siècles de distance.

Mais, Messieurs, quel était l'objet, le programme
de cet enseignement si fameux qui fit de notre abbaye,
au xiᵉ siècle, comme la sœur aînée de la grande
université de Paris ? La nouvelle école fut organisée
par Lanfranc sur le modèle de celles qui existaient
déjà à Fulda, à Saint-Gall, à Saint-Benoît-sur-Loire,
à Reims, à Cluny. La division du savoir humain en
sept branches était depuis longtemps adoptée et
formait le programme nécessaire de tout enseignement ; les enfants apprenaient la grammaire dans
Priscien et Donat, les jeunes gens étudiaient la rhétorique dans Cicéron et Quintilien, la poésie dans
Ovide et Virgile, l'histoire dans César, Paul Orose,
Eusèbe de Césarée, la dialectique dans les traductions
et les commentaires que Marcianus Capella, Cassiodore,
Boèce avaient donnés d'Aristote et des philosophes
grecs. D'après M. Charma, aucune des sciences alors
cultivées n'eût été ignorée à l'école du Bec. « Quelques
« documents recueillis çà et là, dit ce savant profes-
« seur, et plus encore les tendances encyclopédiques
« de l'époque nous portent à penser que l'enseigne-
« ment du Bec était aussi complet qu'il pouvait l'être.
« On y apprenait le latin, le grec, l'hébreu et peut-
« être l'arabe. Les sept arts libéraux et en particulier

« la dialectique y étaient professés comme partout ;
« mais une amélioration dont les contemporains,
« Wilram de Bamberg entre autres, ont fait honneur
« à Lanfranc, c'est d'avoir donné le premier à la
« théologie et aux études religieuses la haute impor-
« tance à laquelle elles avaient droit » (1). Jusque-là,
en effet, les traités usuels de théologie n'étaient que des
compilations de textes empruntés à l'Ecriture ou aux
Pères de l'Eglise. Lanfranc, qui avait eu à réfuter les
subtilités dogmatiques de Bérenger, comprit l'avan-
tage que la théologie pouvait retirer de la dialectique
et de la méthode démonstrative.

Saint Anselme ne pouvait manquer de continuer la
tradition commencée par Lanfranc, car sa science de
prédilection était bien plus la métaphysique et la
théologie que la grammaire ou la rhétorique. Les
ouvrages les plus remarquables sortis de sa plume,
durant son séjour au Bec, sont des traités philosophiques dont l'idée première, l'esquisse avait été
ébauchée dans les leçons qu'il donnait à un auditoire
d'élite, à des disciples tels que Guillaume de Beaumont,
Boson, Guibert de Nogent, Gilbert et Milon Crispin.
Ce fut au Bec qu'il écrivit le Dialogue de la Vérité, le
Monologium, le Proslogium, et qu'il commença ses
traités de la Trinité et de l'Incarnation. Ce qui carac-
térise sa philosophie, ç'a été de faire de la vérité
révélée l'objet des investigations de sa raison, tout
en supposant d'abord établie la certitude de ces
mêmes vérités, *fides quœrens intellectum*, et le prin-
cipe qu'il a développé dans ses traités les plus
fameux est celui-ci : « L'ordre de rectitude exige que
« nous croyons d'abord les mystères de la foi chré-

---

(1) Lanfranc, par Charma, pag. 46.

« tienne avant de vouloir leur appliquer la discussion
« du raisonnement. Je ne cherche point à comprendre
« pour croire, disait encore saint Anselme, mais je
« crois afin de pouvoir comprendre » (1). Ces déclara-
tions du grand docteur font voir la distance qui le
sépare de ce qu'on a depuis appelé, en France, méthode
cartésienne, école rationaliste, et en Allemagne, inves-
tigation du moi comme point de départ de la connais-
sance de l'être.

Sans m'attarder à un examen approfondi de la
doctrine de saint Anselme, je ne saurais, Messieurs,
passer sans vous rappeler cette fameuse preuve
métaphysique qu'il découvrit à forces de recherches,
et qu'il a exposée dans son *Proslogium*. Cet argument
qui consiste à établir l'existence de Dieu par l'idée
même que nous concevons d'un être infini, fut
retrouvé et reproduit, au XVIIᵉ siècle, par Descartes,
à qui, du reste, cette démonstration doit sa popularité
dans la science. Je sais bien, Messieurs, que la valeur
de cette preuve a été contestée par de graves esprits ;
mais elle a eu aussi pour elle des penseurs de premier
ordre, depuis saint Bonaventure et Henri de Gand,
jusqu'à Leibnitz et Fénelon. L'argument de saint
Anselme ne supplée point à tous les autres, mais il les
complète et les couronne magnifiquement, et s'il ne
prouve pas directement l'existence de Dieu, il en
démontre la nécessité logique.

A la mort d'Herluin, en 1078, Anselme avait été élu
abbé du Bec par les cent trente-six moines qui com-
posaient la communauté. Cette dignité considérable
l'obligea à se décharger, dans une certaine mesure,
de ses fonctions d'écolâtre, pour s'occuper des affaires
importantes qui l'appelaient au dehors de son monas-

----

(1) Saint-Anselme, *Cur Deus homo*. Proslog. cap. 1.

tère, en Normandie, en France et jusqu'en Angleterre
où l'abbaye du Bec possédait plusieurs prieurés. Au
moyen-âge, l'abbé était un haut personnage, rendant
la justice à ses vassaux , marchant de pair avec les
plus puissants seigneurs, souvent même appelé par le
souverain au conseil du royaume. Il serait intéressant
d'étudier l'abbé du Bec dans ses rapports avec son
ancien maître devenu archevêque de Cantorbéry, avec
Guillaume le Conquérant, avec les papes Grégoire VII
et Urbain II. Mais je dois m'arrêter dans cette étude
déjà longue et me borner à vous rappeler qu'Anselme
devint, en 1092, archevêque de Cantorbéry, et qu'a-
près avoir courageusement lutté contre les entreprises
oppressives de deux rois d'Angleterre, il réussit à
faire refleurir la discipline dans son église et sut la
préserver du schisme qui la menaçait. Le 21 avril 1109,
saint Anselme mourut, à l'âge de 76 ans, et fut
inhumé dans la cathédrale de Cantorbéry, auprès de
Lanfranc, son prédécesseur, son maître et son ami.

Le xi⁰ siècle est incontestablement l'époque glorieuse
de l'abbaye et de l'école du Bec. Elle fut alors pour
l'Europe un centre important d'études , un foyer
fécond de lumières. La science des maîtres était
considérable , le cercle de l'enseignement vaste et
approfondi, et la célébrité méritée des nombreux
disciples qui sortirent de son sein porta au loin le
renom de leur patrie intellectuelle. Yves de Chartres,
Guitmond d'Aversa, Wilram de Bamberg, Guillaume
Bonne-Ame, Guibert de Nogent, Robert de Torigny,
le milanais Anselme de Baggio vinrent s'asseoir sur
les bancs de l'école du Bec. Ce dernier devait ceindre
la tiare pontificale sous le nom d'Alexandre II.

Lorsqu'en 1071, Lanfranc se rendit à Rome pour
recevoir le pallium, le pape se leva de son trône en le
voyant paraître et dit aux cardinaux surpris : « Ce
« n'est point au primat d'Angleterre que je rends cet
« hommage, mais à mon ancien maître de l'école du
« Bec, aux pieds duquel je me suis si souvent assis » (1).

Avec saint Anselme disparaît la célébrité de l'école
du Bec. Elle compta pourtant encore après lui nombre
de religieux dont Orderic Vital vante la science et le
rare mérite (2). Il ne faut pas s'étonner que le génie
du maître n'ait pas revécu tout entier dans ses succes-
seurs à la chaire du Bec. Le XIᵉ siècle n'a compté qu'un
saint Anselme. Une autre cause de cette décadence fut
la multiplicité des écoles littéraires qui s'ouvrirent au
XIIᵉ siècle. Pierre Lombard à Notre-Dame de Paris,
Guillaume de Champeaux à Saint-Victor, Abélard à la
montagne Sainte-Geneviève, Guillaume de Conches,
Anselme de Laon virent se grouper autour d'eux des
milliers d'étudiants. Sous l'action de cette effervescence
des esprits qui se passionnent pour le nominalisme de
Roscelin ou le réalisme de Guillaume de Champeaux,
l'enseignement se transforme; le maître ne parle plus
seul du haut de sa chaire, l'école est un champ clos
où, dans des argumentations subtiles, maîtres et
disciples rompent des lances pour le plus grand honneur de la dialectique. L'allure de l'écolier, dont Jean
de Salisbury nous a donné, dans son Metalogicus,
une peinture si piquante, devenait belliqueuse ;
l'enceinte d'un cloître était trop étroite, sa discipline
trop sévère, il fallait à cette turbulente jeunesse le
grand air et la liberté. Au reste, si le centre de l'enseignement se déplace, si le flambeau scientifique

(1) Mil. Crisp. Vita. Lanfr.
(2) Ord. Vit. Hist. eccl. lib. IV.

devient vacillant au Bec ainsi que dans les autres écoles monastiques, c'est qu'il ira bientôt se rallumer et briller avec un nouvel éclat dans les grandes universités de Paris, de Toulouse, d'Orléans. Mais l'impulsion était puissamment donnée, le mouvement et le progrès intellectuel allaient s'accentuer , et la plus grande part dans ce rôle d'initiateur doit être attribuée à saint Anselme qui, en reprenant les traditions philosophiques du grand évêque d'Hippone, a préparé la voie à cet autre puissant génie qui s'appelle saint Thomas-d'Aquin.

Quand le voyageur visite les restes de l'abbaye du Bec, il n'éprouve pas cette impression profonde qui le saisit à la vue des ruines imposantes de Jumiéges et de Saint-Wandrille. Ici, l'œil n'est point frappé de la grandeur du site, de la beauté des horizons, de la hardiesse étonnante des murailles et des voûtes à moitié écroulées, mais plus fortes encore que la main du temps et les révolutions des hommes. Un souvenir meilleur et plus grand que tout cela s'attache à ce qui fut jadis le monastére du Bec. Oui, Messieurs, si la vieille abbaye a vu ses splendeurs s'éteindre , si l'herbe a poussé sur la tombe vénérable de ses abbés, si son immense basilique a depuis longtemps disparu, il lui reste devant l'histoire un titre impérissable qui n'appartient qu'à elle, c'est que son nom ne sera jamais séparé de ceux de Lanfranc et de saint Anselme.

www.ingramcontent.com/pod-product-compliance
Lightning Source LLC
Chambersburg PA
CBHW061808040426
42447CB00011B/2541